入江泰吉の原風景

昭和の奈良大和路

昭和20～30年代

写真——入江泰吉

編　入江泰吉記念奈良市写真美術館

光村推古書院

カメラデータ

■ ライカ ⅢF

■ ライカ M3
ズマロン F3.5 35mm
ズミクロン F2 50mm
エルマー F4 90mm
エリート F4.5 200mm

■ ワイドラックス FV

■ ローライ コード
トリオター F4.5 75mm

■ ローライ フレックス
テッサー F3.5 75mm

■ リンホフ テヒニカ（6×9）
テッサー F3.5 105mm
テレアートン F5.5 180mm

はじめに

“入江泰吉”と言えば、奈良大和路の情緒あふれる風景や、見る者を祈りに誘う仏像など、大和の歴史が織りなす景観や美をテーマにした作品を思い浮かべる人が多いことでしょう。

しかし、入江泰吉は戦後から昭和30年代中頃にかけて、大和路の風物の美を追求するだけではなく、そこに暮らす人々の姿や変わりゆく街の表情をとらえた写真も数多く撮影していました。

これらの作品からは、ふるさと奈良を見つめる入江の温かいまなざしが感じられ、過ぎ去った時代と人々の暮らしを切り取った貴重な記録写真となっています。

これまであまり発表されず、顧みられなかった戦後の記録の中から、街で行き交う人々や無邪気に遊ぶ子どもたちの姿など、日々のさりげない生活風景を撮影した作品を選び地域別に構成しました。

これらの写真を眺めると、今では見られない風景が浮かびあがり、当時の生活が匂いたってくるようで、入江芸術とは違った別の魅力が伝わってきます。

平成23年7月

入江泰吉記念奈良市写真美術館

目次

各章扉の「　」の文章は入江泰吉の言葉

興福寺を望む（空撮）　昭和30年代

第一章

奈良町界隈

奈良へ引揚げてから数日後のことである。「芝生におおわれた若草山に登ったのもこの頃である。山の斜面に腰を下ろし、奈良の街並みを眺めていると、戦争を契機に故郷の地に帰ってきたことが改めて感慨深く、奈良を故郷にもったことがなによりも幸せに思われた。そして、戦災にも遭わず、こうして無事な姿で自分を迎えてくれたことが、しみじみありがたいことに感じられた。」

『入江泰吉自伝　「大和路」に魅せられて』（佼成出版社　平成5年）より

＊ここでの奈良町とは、市制発足時の市街地の中心であった奈良町のことです。また、その周辺の地域も付け加えました。

近鉄奈良駅前（奈良市制50周年）　昭和23年10月

奈良市制50周年を記念して駅前に大きなゲート風の看板が登場。戦後間もない頃だが、人もにぎやかに行き来している。

近鉄奈良駅前　昭和30年頃

奈良の玄関口である近鉄奈良駅前の風景。右手を曲がれば東向商店街、バス後方の土塀が続く坂道は登大路で、奈良地方裁判所、県庁へと続く。

近鉄奈良駅前　昭和33年

ボンネット型の乗り合いバスが走る。右手の木造の建物は近鉄奈良駅舎。

近鉄奈良駅を望む　昭和20年代

地上にあった頃の奈良駅ホームを望む。右手のホームは貨物専用。踏切を人が横断しているが、右手へ行けば、現在の「奈良小西さくら通り商店街」へと続く。現在のような奈良地下線が開通したのは昭和44年12月９日。この時駅名を「近鉄奈良」とし、以前は「近畿日本奈良」だった。翌年３月に駅舎が完成し「奈良近鉄ビル」と名付けられた。

高天交差点付近　昭和30年頃

近鉄奈良駅西の高天交差点から東を望む。遠くに若草山も見える。

油阪　昭和20年代後半

かつて近鉄奈良駅と現在の新大宮駅の間には「油阪駅」があり、油阪から奈良までの約1キロの区間は車道との併用軌道だった。交通量の増加に伴い地下化され、奈良地下線が開通。「油阪駅」は廃止され、西約1キロに「新大宮駅」が開業した。

国鉄奈良機関区　昭和30年代前半

国鉄(現:JR)奈良駅の西側に機関車等の修繕、検査をする機関区があり、扇形をした建物だった。昭和40年に「奈良運転所」となり60年廃止、跡地に「なら100年会館」が建つ。

国鉄奈良駅前付近
昭和20年代後半

国鉄奈良駅前の三条通りと交わる北東角にあった道標。平城宮跡の保存運動に私財をなげうった棚田嘉十郎が明治末頃建てたもの。今は少し西へ移動し、旧国鉄奈良駅舎前の広場に建つ。右手に見える建物は旅館「いろは館」。現在は「スーパーホテル」になっている。

登大路　昭和30年11月

近鉄奈良駅前から土塀が続くこのあたりは、かつて興福寺子院が建ち並んでいたところで、奈良らしい木造の奈良地方裁判所、奈良県庁舎があった。その後、裁判所の建物（旧一乗院宸殿）は唐招提寺へ移築、県庁舎は取り壊され、その隣に現在の県庁舎が建った（昭和40年）。土塀は道路の拡幅工事に伴い取り壊された。

東大寺南大門前交差点　昭和30年代前半

写真右下の車両はGM社製、1953(昭和28)年型のBuick Super(ビュイック・スーパー)。ナンバーは兵庫陸運局登録の「兵3-30464」。最初の3は乗用車の分類で、次の3ではじまる数字は外国人によって登録された乗用車であることを示す。当時は輸入規制があり、日本人は外国人から中古で購入するしかなかった。

輪タク（東大寺大仏殿前）　昭和34年頃

戦後から昭和30年代中頃まで市街を走っていた輪タク。輪タクとは、自転車の後部に客席をつけた三輪車で、中には小さなエンジンをつけたオート三輪もあった。主に外国人が利用し観光を楽しんだ。左手前には休憩しているのだろうか、奈良の土産品を売り歩いていた人の姿が見える。この頃は天秤棒を担いで売り歩く人の姿がよく見かけられた。

東大寺大仏殿　昭和20年代

戦後、奈良市にも進駐軍が駐留していた。大仏殿手前にはシルエット姿の米兵が写っている。

東大寺大仏殿　昭和20年代

東大寺大仏殿内　昭和20年代

東大寺良弁杉

昭和30年代前半

雄々しい大木は、東大寺二月堂前に立っていた樹齢600年といわれた良弁杉。同寺初代別当の良弁の名をいただき、伝説とともに語り継がれ親しまれてきた。しかし昭和36年9月の第二室戸台風で折れてしまった。現在の杉はこの木の枝を挿し木したもので、風格ある木に成長している。

東大寺二月堂裏参道　昭和20年代

東大寺界隈(雑司町)　昭和31年11月

大仏殿を望む　昭和31年11月

大仏殿を望む　昭和31年11月

多聞城跡にある若草中学校あたりから大仏殿を望んだもの。現代的な建物はなく、甍の波が続いている。

南都の石橋と新石橋　昭和31年9月

今在家町の佐保川にかかる新旧二つの橋である。左手は江戸時代築造の石橋で、般若寺、京都へと続く昔ながらの街道筋。右手は、昭和15年、紀元2600年奉祝行事にあわせ京都から橿原神宮まで新しく国道15号線として道路整備され、その時に「新石橋」が架けられた。戦後は国道24号線と改称、南北の幹線道路として利用されたが交通量が増加し、渋滞解消のため旧市街の西方に奈良バイパス線が整備され、国道24号線から国道369号線に変わった。

法蓮町の民家　昭和20年代後半

町屋と農家の要素をあわせ持つ「法蓮造り」と呼ばれる家並みが続く。急勾配な藁葺きの軒の下には、丸太の格子がはめられている。この頃、稲刈りを終えて脱穀するまでの秋晴れの日には、軒先でもみを干す「カド干し」をしていた。

法蓮町の民家　昭和20年代後半

大仏殿を望む　昭和20年代後半

奈良女子大学の北、天平橋から撮影。手前に流れる川は吉城川で、やがて佐保川と合流する。今、川は暗渠《あんきょ》と化して道路の下を流れている。

奈良鴻ノ池　昭和30年頃

手前の池は、鴻ノ池。右手に見える建物は奈良測候所（現在の奈良地方気象台）。左手には若草山とかすかに大仏殿の屋根が写る。現在は、中央体育館、中央武道場などが建ち並び、鴻ノ池運動公園として整備されている。

般若寺門前
昭和20年代後半

選挙投票(般若寺本堂内)　昭和33年5月

般若寺本堂内で行われた選挙の投票風景。「仏の前で清き一票」との見出しで新聞紙面を飾ったこともある、奈良らしい風景。今は寺が投票所に使われることはない。

般若寺界隈　昭和31年5月

奈良坂の夕日地蔵

昭和20年代後半

奈良を愛した會津八一(1881～1956年)が、奈良坂を訪れ、「ならさかの いしの ほとけ の おとがひ に こさめ ながるる はる は き に けり」と詠んだところ。この歌の碑が般若寺にある。

奈良坂より興福寺を望む
昭和35年5月

興福寺五重塔より猿沢池を望む　昭和20年代

興福寺五重塔より南西の方角を望む。手前は三条通り、猿沢池、ならまちの町並みへと続く。当時は10円で登れ、昭和37年5月末まで市街を一望することができたが、信仰と文化財保護の観点から禁止となった。

興福寺五重塔より南円堂を望む　昭和20年代

興福寺界隈　昭和30年代前半

東寺林町にあった奈良市役所から興福寺を望む。市役所は昭和52年、現在の二条大路南1丁目に移転。

興福寺境内

昭和30年頃

この頃、白黒テレビ・洗濯機・冷蔵庫は電化製品の「三種の神器」と呼ばれ、生活の豊かさの象徴であった。境内にあらわれたワンボックスカーの街頭テレビに人々が群がっている。

興福寺境内　昭和30年頃

後方の建物は興福寺中金堂。境内に桜の花が咲いていることから、花見客だろう。また昭和24年から34年まで、奈良市では「桜まつり」が催され、三条通りをパレードし、ある年には映画女優も加わるなどにぎやかだったという。

猿沢池付近
昭和31年4月

猿沢池　昭和20年代

荒池　昭和20年代

後方に見える建物は奈良ホテル。かつて荒池の北西にボート乗り場があり、興福寺五重塔や緑豊かな奈良公園を見ながら遊覧を楽しんだという。

奈良ホテルより北東を展望　昭和30年頃

若草山を望む　昭和20年代

若草山麓　昭和20年代後半

戦後、娯楽が少なかったからだろうか、若草山は行楽客であふれている。行楽客を見ると、今日のようなカジュアルな格好ではなく、きちんとした正装で出掛けるのが身だしなみだったようだ。

飛火野　昭和30年代前半

鹿寄せ　昭和31年10月

明治25年、鹿苑竣工奉告祭でラッパを吹いて鹿寄せをしたのがはじまり。戦中戦後は一時中断したが昭和24年から再開され、55年からは奈良市観光協会が冬の観光キャンペーンとして、毎年実施している。今は、ラッパではなくホルンを用いている。

春日野　昭和33年11月

東大寺南大門から東のあたりにかつて運動場があり、その一画にブランコもあった。昭和63年の「なら・シルクロード博覧会」開催のため取り壊され、今は一面の芝生が広がる。平成11年から毎年夏の夜は、「なら燈花会」が公園一帯で行われる。

鹿の白ちゃん　昭和33年11月

昭和29年に生まれたメス鹿の「白ちゃん」は、頭部に白い毛が王冠のように生えて観光客らから親しまれる鹿のアイドルだったが、47年に交通事故で死んだ。

奈良の土産店
昭和20年代後半

奈良の土産店

昭和20年代後半

東大寺南大門参道前にある土産店。「大仏桜煎餅」は、桜の花びらに大仏さんを焼印した煎餅で春限定商品。その他観光客に喜んでもらおうと工夫を凝らした商品がたくさん並んでいる。今、この「大仏桜煎餅」は売っていない。

春日若宮おん祭（三条通りの露店）　昭和30年代前半

おん祭には猿沢池北のすべり坂から一ノ鳥居あたりまで露店がぎっしりと並び活気づいていた。植木屋や雑貨、サーカスや見せ物小屋もあったらしく、まだ娯楽の少なかった子どもたちは、小遣いをにぎって駄菓子や茹でたカニ、おもちゃを買うのが何よりも楽しみだった。

春日若宮おん祭(三条通り付近の露店)

昭和30年頃

露店で販売しているのは、山中靴、または“シビグツ”と呼ばれた山仕事用の靴。イノシシの皮製で、足の裏には滑り止めの鋲が打ち込んである。靴の中には“シビ”と呼ばれる藁をきれいにそいだものが入っていて、履くと足が温かったという。

三条通り

昭和29年頃

おそらく奈良電話局(現：NTT西日本奈良支店)から興福寺を望んだものだろう。バスが走る道路は三条通りで、左手に見えるひときわ大きな建物は奈良郵便局(現：奈良市中央公民館)である。

三条通り　昭和31年4月

三条通り　昭和31年4月

夕暮れ時の猿沢商店街。横断幕が見えるあたりを右に行くと、東向商店街、左手がもちいどの商店街へと続く。

三条通り　昭和27年頃

三条通り　昭和30年4月

興福寺側の高みから撮影。正面に写っている建物は旅館「好生館」。当時、三条通り周辺にはいくつもの旅館があり、修学旅行生たちでにぎわっていたという。今、この旅館はなく、跡地に「好生ビル」が建っている。

興福寺を望む　昭和31年頃

鶴福院町から撮影。右手少し奥には、桟敷席のある映画館として市民に親しまれた尾花劇場が見える。写真には写っていないが尾花劇場の反対側には奈良市役所があった。尾花劇場は、惜しまれながら昭和55年に閉館、「ホテルサンルート奈良」に。奈良市役所は、昭和52年に移転し、その跡地にならまちの町並み保存と活性化の拠点として「ならまちセンター」が平成元年に開設された。

春日大社遷座祭(三条通り)

昭和30年11月

20年ごとに社殿の造替が執り行われる春日大社の式年造替完了にあわせて行われた奉祝行事の一つで、太鼓台奉納のときのもの。市内から集まった22台の太鼓台が国鉄奈良駅に集合し、三条通りを通って二ノ鳥居まで練り歩いた。撮影場所は三条通り。

もちいどの商店街

昭和29年頃

三条通りから数十メートル南に行ったところから南を向いて撮影。真っ直ぐ進むと下御門商店街、西に行けば椿井市場があるなど、買い物客や市役所勤めの人たちでにぎわっていた。

もちいどの商店街　昭和32年10月

昭和30年、戦後県内で初めてアーケードが設けられた。雨の日でも傘をささずに買い物ができると話題になった。

東向商店街　昭和32年10月

昭和37年にアーケードが完成。

ならまち　昭和20年代

ならまち（元林院町）　昭和20年代後半

明治の初め頃から芸妓置屋が置かれ、奈良の花街としてにぎわう。大正から昭和初期にかけて最も華やかな時代だった。

ならまち(南市町)　昭和30年頃

南市の初戎(宝《ほ》恵《え》籠《かご》・鍋屋町)　昭和30年頃

元林院町の南隣に位置する南市町にも大正の初め頃から芸妓の置屋や検番が置かれた。この町にある恵毘須神社の初戎は1月5日と早く、参拝者で大いににぎわう。そして昭和45年までは芸妓をのせた宝恵籠が市内を練り歩いた。撮影場所は鍋屋町。

ならまち(東城戸町)　昭和27年頃

率川橋《いさがわ》
昭和30年頃

小川町にあった石造りの率川橋の親柱と地蔵堂が写っている。その後方には猿沢池から流れる率川が見える。町中を流れていた率川は、今は暗渠となり、その上に道路ができた。そして橋の親柱だけが建ち、その名残りをとどめている。

伝香寺橋　昭和27年頃

かつて小川町の伝香寺前にあった石橋とその通り。昭和35年頃から道路の拡幅工事が行われ、37年、今の「やすらぎの道」が完成し、町並みの風景が変わってしまった。もちろん石橋はなくなり、率川は暗渠となった。

寧楽女学院前　昭和30年頃

「寧楽女学院」は「寧楽女塾」と呼ばれ、昭和18年頃開校。結婚するまでの花嫁修業として、裁縫や茶道、華道等を教える塾だった。椿井町、称名寺、伝香寺へと場所は移転したが、十数年間開校していたらしい。写真は伝香寺の門前。

ならまち（陰陽町）

昭和30年頃

陰陽師が住んでいたことから町名になった。坂を登った左側に陰陽師ゆかりの「鎮宅霊符神社」がある。

ならまち(陰陽町)　昭和30年頃

ならまち(東木辻町)　昭和30年頃

奈良の花街として栄えた。昭和33年に廃止され、現在は、ならまち散策の観光客達でにぎわっている。

ならまち（悲田院・南城戸町）

昭和30年頃

南城戸町にあった悲田院で奥に見えるのが本堂。興福寺の悲田院を、16世紀頃に起こった南都土一揆で興福寺が焼けたため、移したといわれている。平成元年の夏、老朽化のため取り壊された。

元興寺境内
昭和31年5月

元興寺は「古都奈良の文化財」として世界遺産に登録された一つ。左手の建物は国宝・本堂で、遠くに興福寺五重塔が見えるが、今では高い建物が多くなったので見えない。

福智院《ふくちいん》界隈　昭和20年代後半

この通りは清水通りで、奈良市東部や南部からの買い物客でにぎわった。中央に見える建物は福智院本堂で本尊の地蔵菩薩を祀る。

福智院付近(鎧地蔵)　昭和30年頃

新薬師寺界隈　昭和30年頃

右に写る石垣の邸宅には、文豪・志賀直哉に傾倒した作家の滝井孝作が、大正15年から約5年間住んでいた。滝井には新薬師寺を舞台にした『博打』という作品がある。

高畑の道　昭和28年10月

かつて高畑のこのあたり一帯は、春日大社の関係者が住む禰《ね》宜《ぎ》町だった。志賀直哉が昭和4年から13年までの約10年間居を構えて『暗夜行路』を仕上げたところとして有名。

白毫寺付近より高円山《たかまどやま》を望む　昭和31年11月

現在の地方道奈良名張線沿いにあるバス停「白毫寺」あたりから望む。今は周辺に家が建ち並び、高円山は見えない。昭和35年8月15日から毎年、この日に戦争犠牲者の慰霊と世界平和のため大文字送り火が高円山で行われている。

白《びゃく》毫《ごう》寺《じ》界隈　昭和29年11月

白毫寺界隈　昭和29年11月

白毫寺界隈　昭和31年5月

白毫寺界隈　昭和20年代

白毫寺界隈　昭和20年代

白毫寺より大仏殿を望む　昭和35年1月

鹿野園《ろくやおん》

昭和30年代前半

鹿野園　昭和30年代前半

円照寺への道

昭和30年代前半

県道高畑山町線の山村町から望んだもの。

大安寺界隈　昭和20年代後半

県道京終停車場薬師寺線の大安寺町から高円山を望む。

大安寺界隈　昭和30年代前半

元大安寺村役場前で撮影。子どもたちの横に写る道標は、昭和7年、大安寺の道しるべとして建てられたもの。その後、役場は発掘調査され寺の僧坊跡であることが分かり、保存整備された。道標も東にある市営住宅の公園の一角に移された。

菰川《こもがわ》付近　昭和20年代後半

法華寺町に流れる菰川付近から広がる田園風景を撮影。遠くに国鉄関西本線を走る蒸気機関車がかすかに見える。

第二章

佐保・佐紀・平城宮跡界隈

「―咲く花のにほふが如く―平城京天平文化の花も、千年の時の流れにみる影もなく変り果てて、今は宮址いちめんに雑草が生いしげっているばかりであった。
その昔の、さまざまな感情にふけりながら、廃墟の草むらをさまよっているうちに日暮れ近くなって、西の生駒山脈の空に夕焼雲が美しかった。大極殿址の一本松では、からすがやかましく鳴きあっていた。」

『大和路』(東京創元社　昭和33年)より

佐保川　昭和30年代前半

中央に流れる川は『万葉集』に登場する佐保川。手前の橋は大宮橋。当時は大仏殿や興福寺五重塔まで見渡すことができた。

大宮橋から一条通りを望む　昭和20年代後半

当時、木橋だった大宮橋から北を望む。右手の建物は市立一条高校の校舎である。

不《ふ》退《たい》寺《じ》界隈（国鉄関西本線）　昭和31年11月

国鉄関西本線一条通り踏切　昭和26年12月

現在のJR関西本線と地方道奈良加茂線が交差するところの踏切。戦後、奈良に進駐軍が駐留していたこともあり、標識が英語表記されている。

一条通り　昭和26年12月

現在の国道24号線バイパスの法華寺東交差点あたりから、西を望んだもの。ボンネットバスが停車した右側には市立一条高校がある。左手の巨木はセンダンの木で今はなく、切株が祠として祀られている。

菰川付近　昭和20年代後半

法華寺町に流れる菰川付近の風景。

海龍王寺境内　昭和20年代後半

菰川付近より興福寺を望む　昭和20年代後半

法華寺町を流れる菰川付近から興福寺五重塔を望んだもの。今は、建物が建ち並び見ることはできない。

法華寺門前　昭和20年代後半

法華寺界隈　昭和32年9月

平城宮跡　昭和31年

一条通りから生駒山を望む。並ぶイチョウの木の向こう側に平成22年、大極殿が復原された。

平城宮跡発掘調査

昭和35年12月

昭和28年に一条通りの拡幅工事で多数の遺構が見つかったことを機に、史跡の保存と調査が30年代から本格的に進められてきた。写真は第5次発掘調査の様子を撮影したもので、これ以後、次々と古代の遺構が発掘され、当時の「平城宮」の姿が少しずつ分かってきた。

平城宮跡付近　昭和20年代後半

佐紀（二条町）　昭和20年代

二条町交差点の道路の真ん中に地蔵堂があり、今も同じ位置に鎮座する。しかし周辺の環境は大きく変わり、車の往来も多い。

佐紀　昭和20年代

平城宮跡北の佐紀東町あたりの風景。

歌姫街道　昭和20年代後半

佐紀町にあるハジカミ池南で撮影。大きな木と石仏があり古代の道を感じさせる風景として入江が好んだ被写体で、歌姫街道と称して撮影していた。

佐保路の民家　昭和20年代

秋篠寺界隈　昭和20年代後半

秋篠寺の南にある八所御霊神社の鳥居で、秋篠寺の鎮守。

菅原の里　昭和20年代後半

菅原町の喜光寺あたりから東を望む。左側の建物は西蓮寺。

喜光寺《きこうじ》遠望　昭和38年

喜光寺の本堂を西から望遠レンズを使って撮影。昭和34年、喜光寺の南側に大阪と奈良を結ぶ阪奈道路が開通(当初は有料で昭和56年に無料となる)。その後、交通量の増加とともに風景も変貌し、今では高架道路となった。

近鉄学園前駅付近　昭和30年頃

昭和30年頃の近鉄学園前駅南口の風景。昭和25年から近鉄による大規模な住宅開発が始められ、またたくまに人口が増え、その周辺の整備が急ピッチで進められてきた。31年の記録によると1日平均乗降客数は3400人だったが、3年後には6400人と倍増。現在は関西有数の住宅街として、市の人口の約3割を占める。乗降客も1日平均約8万人と県内でも一、二を争う多さである。

帝塚山学園より近鉄学園前駅を望む　昭和31年頃

戦時中の昭和16年に帝塚山学園が開校。翌年の3月6日に生徒の登下校時に停車する特別駅として開設され、駅名も学園の前にちなんで付けられた。31年、第1円形校舎が完成し、その屋上から北を向いて撮影している。

奈良競馬場　昭和22年10月

奈良市秋篠町の今の競輪場の東隣にあった奈良競馬場の風景。競馬場は昭和4年に今の三条大路四のあたりにあり9年間続いたが、14年に秋篠の地に移転、再開された。25年には競輪場が併設されたが、間もなく競馬場は廃止された。馬が走っていたところは現在、競輪場の駐車場となり、田園の真ん中を奈良精華線の道路が横切っている。一周1600mの競馬場コースは田んぼや道路に変わったが、地図を開くと、いびつな楕円形の走路跡が浮かびあがる。

奈良競馬場　昭和22年10月

奈良県競輪場　昭和20年代後半

昭和25年、今の奈良市秋篠町に開設された。

あやめ池遊園地

昭和31年頃

大正15年6月11日に開園。多彩な遊具をはじめ、大阪松竹歌劇団の公演や催物館での各新聞社によるイベントなどがあり、近畿一円から来園者がつめかけた。これは「忠臣蔵」の公演や菊人形を催した時のもので、ゲート入口に大きな看板の「大石内蔵助」が登場。平成16年6月6日をもって78年間の遊園地の歴史に幕を下ろした。

奈良ドリームランド　昭和36年11月

昭和36年7月1日、奈良市黒髪山に敷地23万㎡の「奈良ドリームランド」が開園。しかし平成18年8月31日、惜しまれつつ閉園した。

西の京 春　昭和20年代後半

第三章
西の京

「私は大和路のうちでも、とくに西の京のどことなく親しみ易い風物に心ひかれる。ここのように巧緻な寺院建築と簡素な民家とが自然の中に美しく溶けあっているところは、ほかにはあまり例がないのではなかろうか。薬師寺の東側から、農家の切妻の白壁、勾配の強い屋根ごしに眺める東塔にも魅力があるし、西へ廻って近鉄西の京駅の踏切りを渡り、大池の西の池畔に立つと、水面に映る塔影にも風情がある。」

『大和路』(東京創元社　昭和33年)より

唐招提寺境内　昭和20年代後半

唐招提寺門前　昭和30年頃

唐招提寺門前　昭和20年代

昭和35年、天平様式の南大門が再建された。孝謙天皇の直筆といわれる扁額が掲げられている（今は複製で実物は講堂内に収蔵）。

薬師寺への道　昭和20年代

唐招提寺から南へ薬師寺に続く道。崩れかけた土塀が続くこのあたりは、亀井勝一郎の『大和古寺風物誌』にその印象と感動がつづられている。

秋篠川より薬師寺遠望　昭和30年代前半

唐招提寺南東の下極楽橋あたりから、南の薬師寺東塔を望む。まだ護岸工事が行われる前の写真で、水辺には水草が生い茂っている。

薬師寺界隈

昭和30年代前半

薬師寺東側、西ノ京町の民家越しに薬師寺東塔を望む。

薬師寺境内　昭和35年頃

パノラマカメラで撮影。東塔を正面に左が金堂。この金堂は、創建以来、天災や兵火で何度も焼けて江戸時代の17世紀初めに建てられた仮堂である。手前は西塔の基壇で丸い塔心礎が見える。

薬師寺金堂　昭和20年代

薬師寺では、仮金堂だった堂を再建することが歴代住職の悲願だった。昭和42年、薬師寺管主に就任した高田好胤師は、般若心経百万巻の写経勧進による金堂復興を提唱した。全国から浄財が集まり51年に金堂が完成、56年には西塔を落慶した。今は大講堂も復興され、白鳳伽藍が甦った。

薬師寺境内

昭和30年頃

修学旅行生に法話を聞かせているのは名僧・高田好胤師。戦後、荒廃した日本を立ち直らせるのは子どもたちとの信念から、修学旅行生に仏の教えや日本民族の精神や歴史を説くなど、仏心の種まきに情熱を注いできた。入江と親交を結び、師は入江の作風を「入江節」と評していた。

薬師寺境内

昭和30年頃

入江の代表作に、水がたまった薬師寺西塔の塔心礎に逆さに写る東塔をとらえた作品がある。作品を発表した当時、話題になり、塔心礎を覗き込む観光客が後をたたなかった。

薬師寺を望む

昭和30年

現在の奈良市六条1丁目あたりから薬師寺を望む。

西の京 秋　昭和30年代前半

大池の堤から薬師寺を望む。

勝間田池より薬師寺を望む
昭和30年代

大池から望む奈良を代表する景観の一つ。入江も戦後間もない頃からこの地に通い、数々の名作を残している。入江は大池と呼ばず、『万葉集』に登場する「勝間田池」の名をよく使っていた。

斑鳩の里　昭和20年代

第四章

斑鳩・當麻界隈

「私が、戦後初めていかるがの里を訪ねたのは、終戦の年の秋たけなわの季節だったが、近鉄筒井駅で電車を降りた時、目の前に展けたのどかな風景に心が洗われる思いをしたことを今でも忘れていない。
あたり一面、豊かに実った黄金色の稲田が広々とひろがっていて、そのところどころに点在する古風な農家の切妻の白壁に、たわわに実った柿の枝が影を落としていたりした。」

『大和路のこころ』(講談社　昭和52年)より

法起寺を望む　昭和20年代後半

法輪寺境内　昭和20年代

法輪寺三重塔は、法隆寺五重塔、法起寺三重塔とともに斑鳩の三名塔といわれたが、昭和19年、落雷により焼失。再建活動に取りかかるも思うように進まなかった。作家の幸田文（幸田露伴の娘）らが再建活動に加わったことで全国から浄財が集まり、昭和50年、ついに塔は甦った。

法輪寺南門　昭和20年代

斑鳩の夏　昭和20年代

斑鳩の道　昭和20年代

法隆寺北の天満池の堤から南東を望む。近代的な建物は見当たらず、田園が広がる。

法隆寺界隈　昭和20年代

斑鳩町法隆寺北の界隈。

法隆寺界隈　昭和30年12月

斑鳩町法隆寺二の界隈。この頃“銀バス”と呼ばれたボンネットバスが走っていた。左手のうどん屋は、今はない。

法隆寺東大門　昭和20年代前半

法隆寺西院と夢殿などの東院とを結ぶ通路にある国宝・東大門。麻袋を積み少年を乗せた荷車を牛がゆっくりと引きながら歩んでゆく。当時の境内は、近隣の人たちの生活道であり子どもたちの格好の遊び場だった。

法隆寺界隈　昭和20年代

後方に見える建物は、旅館「大黒屋」。明治から昭和にかけて文人墨客らが訪れた。明治40年、高浜虚子がここを舞台にした小説『斑鳩物語』を発表し、話題になった。大黒屋の建物は取り壊され、今はない。

法隆寺若草伽藍跡　昭和20年代

法隆寺境内の南東の一角に若草伽藍跡と呼ばれる空き地があり、子どもたちの遊び場だった。この大きな石は若草伽藍の塔の心礎。

法隆寺西大門　昭和20年代

斑鳩の民家

昭和20年代後半

斑鳩町法隆寺西の界隈で、西里と呼ばれている。

法隆寺参道　昭和20年代

法隆寺参道の松並木は、鎌倉時代に後嵯峨上皇が法隆寺に行幸した時に植えられたという。松並木の西側から五重塔を望む。道路の左脇に田んぼが広がっていたようだ。今では土産物店等が建ち並ぶ。

法隆寺南大門前　昭和30年代前半

法隆寺門前土産店
昭和30年代

法隆寺門前(修学旅行生)　昭和28年頃

法隆寺南大門前にあった土産店兼食堂の「かどや」。この頃、土産店は少なかったが、今では、参道脇に土産店や飲食店などが建ち並ぶ。

法隆寺界隈　昭和20年代

法隆寺東大門近くの角から北へまっすぐに続く道がある。かつて斑鳩神社や松尾山詣り（松尾寺）の表参道だった。

松尾山詣り（松尾寺）　昭和32年2月

延々と山に向かって細い道を人の行列が続いている。矢田丘陵の懐にある松尾寺に厄除け詣りをする人波をとらえた。国鉄や近鉄が近くの駅まで臨時列車を増発し、臨時バスも出て参拝者が押しかけたという。
寺の縁起によれば、奈良時代の初め、42歳の舎人親王が『日本書紀』編纂の命を受けた際、松尾山に籠って厄払いと書紀の完成を祈願、満願の2月初午の日に観音が出現し願いがかなったという。以来、日本最古の厄除け霊場として知られる。

稗田環濠集落　昭和31年11月

大和郡山市稗田の環濠集落である。『古事記』の口述者・稗田阿礼の出身地と伝えられている。

富雄川
昭和35年6月

慈光院付近で撮影。

龍田川　昭和33年11月

百人一首にも登場する龍田川は紅葉の名所だった。この頃は水量が多かったからだろうか、遊覧ボートに乗って紅葉狩りを楽しんでいる。今は、遊覧ボートはない。

當《たい》麻《ま》寺遠望　昭和36年5月

葛城山を背にして當麻寺の東西両塔を望む。今は木々が茂ったり家が建ち並んだりして東塔の水煙あたりしか見えない。

當麻寺参道　昭和30年代

當麻寺境内　昭和20年代後半

地元の人の話では、子どもの遊び場はもっぱら広い寺の境内だったという。“三角ベース”の野球をしているようだ。奥に写る門は仁王門。

當麻寺境内　昭和20年代後半

當麻の里
昭和33年11月

二上山　昭和33年11月

大和三山を望む　昭和30年頃

第五章

山の辺の道・聖林寺界隈

「山の辺の道には、大和路の古寺風物詩的な情趣とは隔絶した、人間的な心情の触れあいを感じさせるものがある。どこにでも見られるような、その平凡な鄙びた山村の野道を歩いていて、ふと上古の時代にひきこまれていくような幻覚にとらわれることがある。」

『古色大和路』(保育社　昭和45年)より

歌塚　昭和31年9月

天理市櫟本町、和爾下神社境内の一画に歌塚の石碑が建つ。万葉歌人・柿本人麻呂の遺髪を葬ったのが今の歌塚といわれている。このあたりには、柿本氏の氏寺・柿本寺があったが、室町時代に現在の櫟本小学校付近に移された。多くの学僧が和歌や茶道に親しんだといわれるが、明治初年に廃寺となり、今は柿本神社になっている。

柿本寺《しほんじ》道標　昭和31年9月

天理市櫟本町の高瀬川にかかる土橋と呼ばれる橋で撮影。牛の前には「なら道」と刻まれた道標が建ち、かつての街道筋だった。「なら道」と刻まれた横の面には、少し見づらいが「柿本寺」と文字が刻まれている。今は土橋に道標はなく、東にある和爾下神社の鳥居前に移されている。

纒向《まきむく》　昭和31年9月

ここは桜井市巻野内で、右半分だけ見える山は三輪山。穴師、檜原神社へと続く。

穴師《あなし》の里　昭和31年9月

上ツ道（後方・箸墓古墳）　昭和31年12月

北から箸墓古墳を望む（桜井市箸中）。

上ツ道(後方・箸墓古墳)　昭和31年12月

南から箸墓古墳を望む。橋の下を流れる川は巻向川(桜井市箸中)。

巻向川
昭和31年9月

三輪山麓　昭和31年9月

三輪の里　昭和31年11月

箸墓古墳より東へ進んだところから三輪山を望む(桜井市箸中)。

三輪の里（国鉄桜井線）　昭和31年9月

前頁と同じく、箸墓古墳より東へ進んだところから三輪山を望んだもの。蒸気機関車が走っているのは国鉄桜井線で、昭和40年代中ごろまで蒸気を上げていた。

大神神社参道 太鼓橋　昭和20年代

菜の花畑の向こうに見える石造りの橋は、かつて大神神社参道の途中にあった太鼓橋。「三輪のそり橋」とも呼ばれた。下を鉄道が走っていたが、橋は昭和38年2月に撤去された。

大和三山を望む　昭和34年4月

桜井市茅原から大和三山を望む。右から耳成山、畝傍山、少し平べったいのが天香久山である。

金屋の里　昭和20年代

山の辺の道と長谷街道が交わる桜井市金屋あたりは、かつて海柘榴市《つばいち》と呼ばれ、『万葉集』にも登場する。古くから長谷詣でや伊勢参りでにぎわい、市場や交通の要所として栄えた。

長谷街道(後方・三輪山)　昭和31年9月

左手の山は神宿る山として知られる三輪山で、大和川が流れる大向寺橋のあたりから北を向いて撮影。桜井市金屋の集落が見える。

石位寺を望む　昭和30年代前半

中央にある建物が桜井市忍阪にある石位寺。日本最古の石仏、三尊石仏を安置している。

聖林寺への道　昭和20年代後半

左手に流れるのは寺川で、三輪山の山際がかすかに見える。ここは桜井市河西で、かつて聖林寺、多武峰《とうのみね》へと続く参道だった。今は、住民の生活道として利用されるだけで、観光客は通らない。

聖林寺より三輪山を望む　昭和36年7月

畝傍山を望む（国鉄桜井線）　昭和20年代

第六章
飛鳥の里

「時には緊張感から開放され、のんびりとした気持ちで仕事をしてみたいと思うことがある。そんなときには、飛鳥路などに出かけることにしている。
麦の緑、菜種の黄の織りなす、じゅうたんを敷きつめたような大和国原の、のどかな野道を、ひばりの声を聞きながら、ぶらぶらさまよい歩く一日は、とても愉快である。」

『写真大和路』（社会思想研究会出版部　昭和37年）より

雷丘《いかずちのおか》付近より天香久山を望む　昭和31年11月

天香久山付近　昭和20年代後半

山田寺跡　昭和30年頃

桜井市山田にある山田寺跡。昭和51年から発掘調査され、塔と金堂が南北に一直線に並び、周囲に回廊が巡っていたことが分かった。57年、倒壊した東回廊の建物そのものが土中から発見され、日本建築史の貴重な資料として話題になった。

鎌足誕生地付近　昭和27年12月

飛鳥坐神社の東方、明日香村小原。牛を引く人の左側の建物は大原神社で、ここは藤原鎌足の誕生地といわれている。撮影しているあたりに鎌足の母大伴夫人の墓と伝える石標が建つ。

雷丘付近　昭和33年12月

地元で“ススキ”と呼ばれる藁積みの後方に見える小さな丘が、『万葉集』や『日本霊異記』に登場する雷丘である。

雷丘付近　昭和30年頃

飛鳥寺付近　昭和30年頃

飛鳥坐《あすかにいます》神社参道　昭和20年代後半

明日香村飛鳥集落から飛鳥坐神社へ続く道である。今はここに石造りの鳥居はなく、東へ進んだところにある神社前に建つ。かつてこの道を大きなトラックが通った際、鳥居をひっかけて壊してしまったことがあった。そのため昭和40年頃、移動したという。

岡寺界隈　昭和30年代前半

岡寺界隈　昭和20年代後半

西国三十三所第七番札所として信仰を集める岡寺の門前。この治田神社の石造りの鳥居をくぐって山手にある本堂へ参拝する。

石舞台付近

昭和30年頃

ここは明日香村島之庄で、田園の中に柵に囲われた巨石が石舞台。古くから石室が露出していたが、昭和8年と10年に初めて発掘調査された。29年から33年にかけて石舞台の周囲の方形の空濠を復原し、築造当時の姿に近づける工事が行われた。その後も発掘、整備工事が行われ、周辺の田畑や左後方の平屋造りの小学校だったところが公有化され、今、国営飛鳥歴史公園になっている。

石舞台　昭和26年5月

巨石の周りに麦の穂が実り、山と畑が見えるだけの何ともひなびた風景だが、ここは飛鳥観光で親しまれている石舞台。当時は、石室の上に自由に登れて、飛鳥の里を見たり記念写真を撮ったりしていた。

飛鳥寺発掘調査　昭和31年

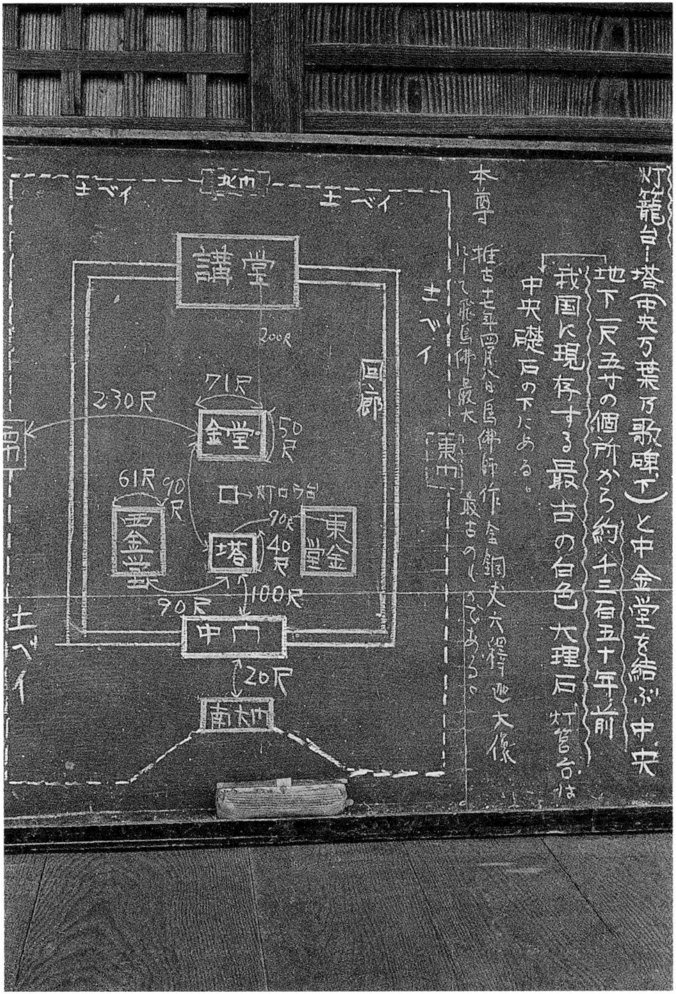

飛鳥寺発掘調査

昭和31年

飛鳥寺（安居院）は蘇我氏の氏寺で、日本最初の本格的寺院。昭和31年から翌年にかけて発掘調査され、一塔三金堂という特異な伽藍配置であることが分かった。

亀石　昭和30年代

平安時代から亀石と呼ばれ、条里の境界を示す標石とか、水神信仰のひとつとか諸説があるがよく分かっていない。現在は南西を向いているが、西に向きを変えるとこの一帯が水没するという伝説もある。今、亀石のある場所は平地になり、柵に囲われている。

甘樫橋　昭和20年代後半

豊浦寺跡付近　昭和30年頃

明日香村豊浦。この頃は小僧を連れた修行僧が飛鳥の寺を巡礼する姿をよく見かけたらしい。
右に見える小屋は近くの住民が作ったバス停。

埴安《はにやす》の里

昭和20年代後半

手前に流れる川は飛鳥川の支流で、遠くに見える寺は法然寺（橿原市南浦町）。埴安とは『万葉集』に登場する地名で、天香久山麓あたり。

飛鳥の里　昭和33年12月

水落遺跡付近より東を望む。右手の集落は明日香村飛鳥。“ススキ”（藁積み）の後方に見える森は、飛鳥坐神社。

飛鳥の里（耳成山麓）　昭和34年5月

山を背に鯉のぼりが空を泳いでいる。この集落は橿原市山之坊町で、山裾は耳成山の南側、遠くに二上山を望む。手前の作物は麦である。
ここは小津安二郎監督の映画『麦秋』（1951年）のロケ地の一つとして使われている。

甘樫丘より飛鳥坐神社を望む　昭和30年代前半

甘樫丘より東を望む。右手、やや集落の外れにあるのが飛鳥寺(安居院)。左手の集落後方の森は飛鳥坐神社である。

甘樫丘より畝傍山を望む　昭和30年代前半

甘樫丘より西を望む。中央手前から向原寺、池は石川池。遠くに畝傍山、二上山へと続き、のどかな風景が広がる。

飛鳥の里　昭和30年頃

天武・持続天皇陵付近　昭和30年頃

川原寺　昭和30年頃

川原寺付近　昭和30年代前半

左後方に見えるのが川原寺(弘福寺)。砂利道と寺の間の田んぼは、昭和32年から34年に発掘調査され、一つの塔に二つの金堂がある川原寺の伽藍であることが分かった。今は創建当初の基壇や礎石が復原整備されている。

川原寺付近　昭和30年代前半

益田岩船《ますだのいわふね》より飛鳥を望む　昭和20年代後半

橿原市白橿町の丘陵にある謎の石造物とされる「益田岩船」から眺めた風景。左手に畝傍山が見え、遠くに耳成山がかすかに望める。

藤原宮跡　昭和20年代

左手に見える森が藤原宮跡大極殿跡。その隣の建物は小学校。後方に見えているのが耳成山。

畝傍山　昭和32年12月

天香久山中腹より西を向いて撮影。今は畝傍山と春日神社の鎮守の森に当時の風景をしのぶことができる。

飛鳥の里

昭和30年頃

ここは橿原市南山町で、後方の山は天香久山。川は戒外川で明日香村奥山が源流。川は田んぼに水を引くだけでなく、野菜や衣類などの洗い物にも利用されるなど、生活と密着していた。

欽明天皇陵付近　昭和26年5月

近鉄飛鳥駅前、高取川と檜前川が合流するところから北を向いて撮影。遠くに見える丘が欽明天皇陵。中央の道路は昭和32年頃、拡幅工事で片側1車線の対面道路となった。今は国道169号線として車の往来が多い。

見瀬の里　昭和31年12月

橿原市見瀬の町中から近鉄橿原神宮前駅へ続く道中で撮影。かすかに見える山裾は畝傍山。

見瀬の里　昭和32年12月

右手の看板に「バスのりば見瀬」と見えることから、現在の国道169号線で南を向いて撮影したもの。煙突の煙が出ているあたりが見瀬丸山古墳。

近鉄橿原神宮前駅　昭和20年代

橿原神宮前駅は三つの改札口があり、これは中央。戦前の紀元2600年奉祝事業の一環として、橿原神宮と神武天皇陵の参道拡張整備が行われ、現在地付近にあった「橿原神宮前」「橿原神宮」「久米寺」の三つの駅が統合。昭和14年7月、この地に新駅が開設された。当時の駅名は「橿原神宮駅」であった。写真では改札を出て畝傍山が見えるが、今は建物が建ち並び山の一部しか見えない。

盗難にあった不空羂索観音像の宝冠が頭上に戻される　昭和20年9月9日

東大寺法華堂本尊の不空羂索観音像の宝冠は昭和12年2月12日に盗まれたが、18年9月、時効5カ月前に発見された。戦後の20年9月9日に、ようやく本尊の頭上に戻される場面を撮影したもの。

第七章
文化財の記録

「ふるさとに引揚げてから、最初に寺々の堂塔や、諸仏を仰ぎみたときの感激は、いまだに忘れることができない。
こんなすばらしいものを、よく遺してくれた、というよろこびで、ほんとうに目がしらが熱くなった。」

『写真大和路』(社会思想研究会出版部　昭和37年)より

疎開先から戻る東大寺法華堂の仏像

昭和20年11月17日

終戦間近の昭和20年7月13日、法華堂の仏像疎開が始まった。まず四天王のうち二体は円成寺へ、残りの二体と金剛力士像、地蔵菩薩、不動明王は正暦寺へ疎開した。これらの仏像は終戦後の11月9日に円成寺から、続いて11月16日と17日に正暦寺から東大寺へ戻された。入江が撮影したのは、11月17日であった。奈良の仏像が米軍に賠償として持ち去られるという噂を聞き、奈良大和路の仏像を写真に残そうと決意した。いわば、入江の大和路撮影の原点である。

SU - DO
TEMPLE

疎開先から戻ってきた仏像の
修理風景
昭和21年頃

戦時中、東大寺法華堂の仏像は疎開されていた。疎開の運搬中に損傷した金剛力士像(阿形)の修理作業を撮影したもの。

東大寺南大門金剛力士像調査風景　昭和22年

昭和22年４月、金剛力士像の保存状態の調査が行われた時の様子。調査はその後、39年10月にも行われ、平成元年に始まった金剛力士像の解体修理へと受け継がれた。5年、修理が終わり落慶法要が行われた。

法隆寺金堂壁画模写　昭和23年

法隆寺金堂壁画の保存対策は明治後期から問題となり議論されてきた。金堂の解体修理に先駆けて、まずは忠実な模写をすることとなった。昭和15年から荒井寛方、中村岳陵、入江波光、橋本明治を中心に4班に分かれて作業を担当。戦局の悪化と模写に参加している人の召集もあり、一時中断し、戦後の22年から再開された。入江が撮影に訪れたのは23年の秋のことだった。

法隆寺金堂壁画模写風景　昭和23年

昭和24年1月26日午前6時頃、法隆寺金堂から出火、世界文化史上に輝く壁画が焼損した。入江自身もその知らせを聞き、「まさに青天の霹靂であった」と語っていた。この惨事を契機に、翌年、文化財保護法が制定された。

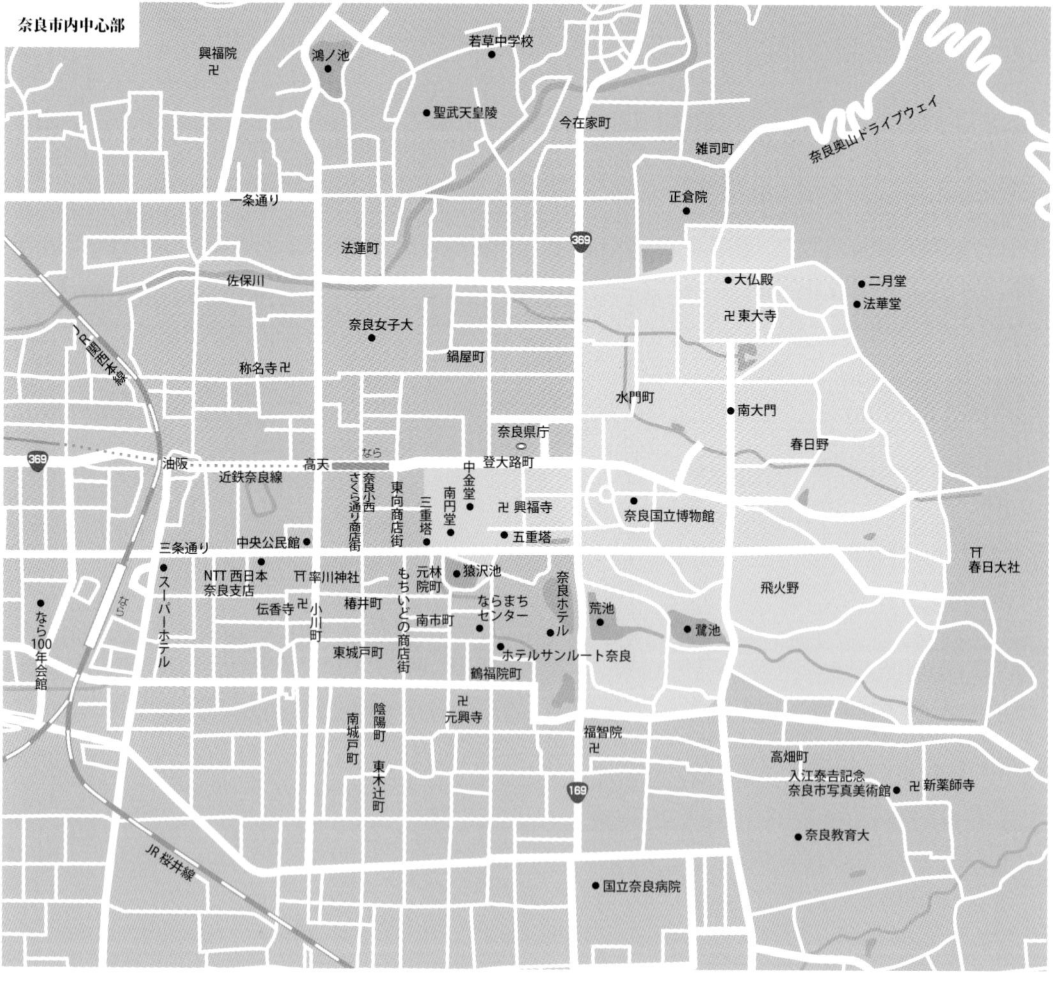
奈良市内中心部
興福院
卍
鴻ノ池
若草中学校
聖武天皇陵
今在家町
雑司町
奈良奥山ドライブウェイ
一条通り
正倉院
369
法蓮町
佐保川
大仏殿
二月堂
法華堂
卍 東大寺
奈良女子大
鍋屋町
称名寺 卍
JR関西本線
水門町
南大門
奈良県庁
春日野
369
油阪
高天
なら
近鉄奈良線
登大路町
中金堂
奈良小西さくら通り商店街
東向商店街
三重塔
南円堂
卍 興福寺
奈良国立博物館
五重塔
中央公民館
三条通り
スーパーホテル
NTT 西日本
奈良支店
率川神社
もちいどの商店街
元林院町
猿沢池
奈良ホテル
春日大社
飛火野
なら100年会館
なら
伝香寺 卍
小川町
椿井町
ならまちセンター
南市町
荒池
鷺池
ホテルサンルート奈良
東城戸町
鶴福院町
卍
元興寺
陰陽町
南城戸町
東木辻町
福智院
卍
高畑町
入江泰吉記念
奈良市写真美術館
卍 新薬師寺
169
奈良教育大
JR 桜井線
国立奈良病院

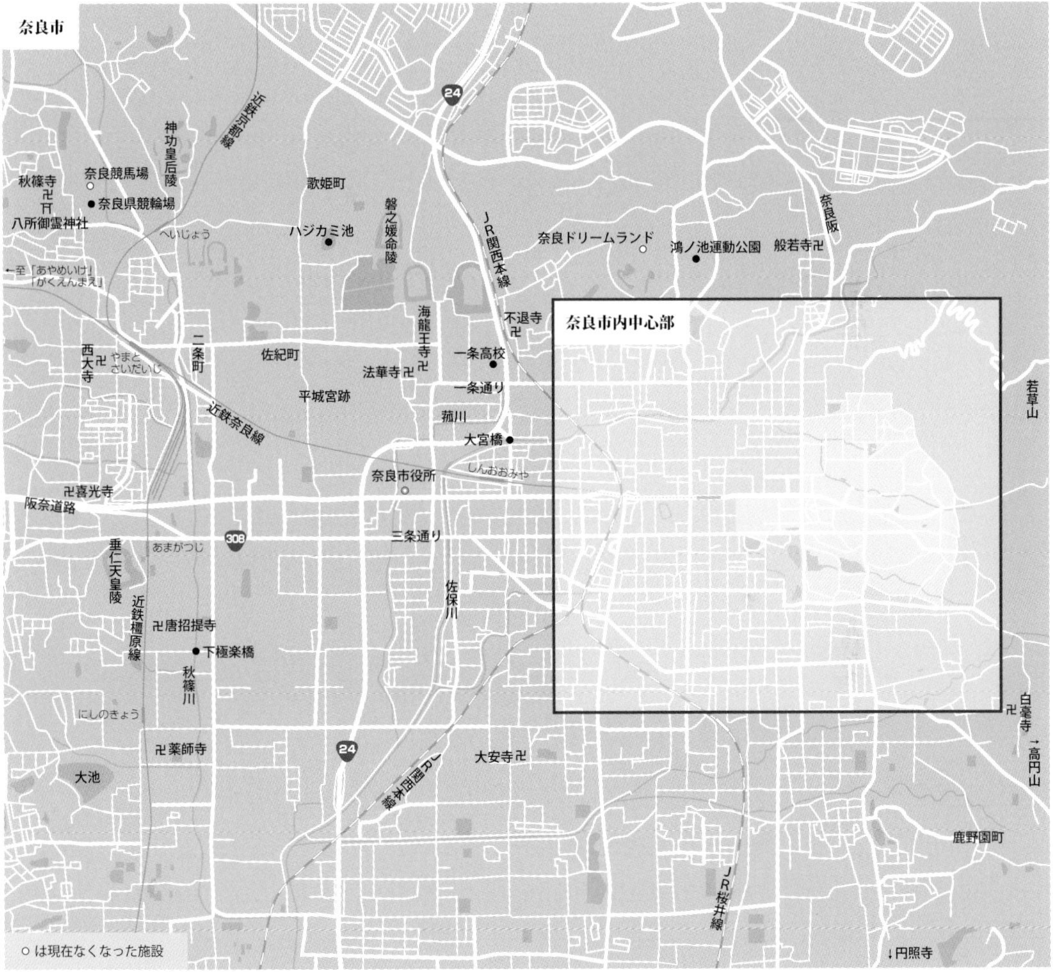
奈良市
奈良市内中心部
秋篠寺
八所御霊神社
奈良競馬場
奈良県競輪場
神功皇后陵
近鉄京都線
歌姫町
ハジカミ池
磐之媛命陵
へいじょう
←至「あやめいけ」「がくえんまえ」
JR関西本線
奈良ドリームランド
鴻ノ池運動公園
般若寺
奈良阪
不退寺
海龍王寺
一条高校
西大寺
やまとさいだいじ
二条町
佐紀町
法華寺
一条通り
平城宮跡
近鉄奈良線
菰川
大宮橋
しんおおみや
奈良市役所
若草山
喜光寺
阪奈道路
308
三条通り
あまがつじ
垂仁天皇陵
佐保川
近鉄橿原線
唐招提寺
下極楽橋
秋篠川
にしのきょう
白毫寺
薬師寺
24
大安寺
JR関西本線
→高円山
大池
鹿野園町
JR桜井線
○は現在なくなった施設
↓円照寺

斑鳩
稗田環濠集落
松尾寺
慈光院
大和郡山市
菩提仙川
へぐり
斑鳩町
富雄川
JR関西本線
近鉄橿原線
佐保川
24
法輪寺
法起寺
やまとこいずみ
つつい
高瀬川
近鉄生駒線
たつたがわ
天満池
斑鳩神社
25
法隆寺
龍田川
西名阪自動車道
ひらはた
ほうりゅうじ
にかいどう
せやきたぐち
せんざい
近鉄天理線

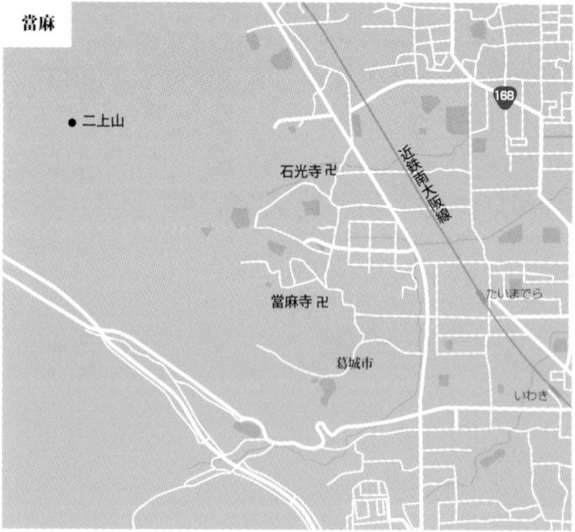
當麻
168
二上山
近鉄南大阪線
石光寺
たいまでら
當麻寺
葛城市
いわき

山の辺の道(天理市櫟本)
菩提仙川
JR桜井線
169
天理市
いちのもと
和爾下神社
高瀬川
櫟本小学校
西名阪自動車道
せんざい
近鉄天理線
てんり
天理教本部

山の辺の道～飛鳥

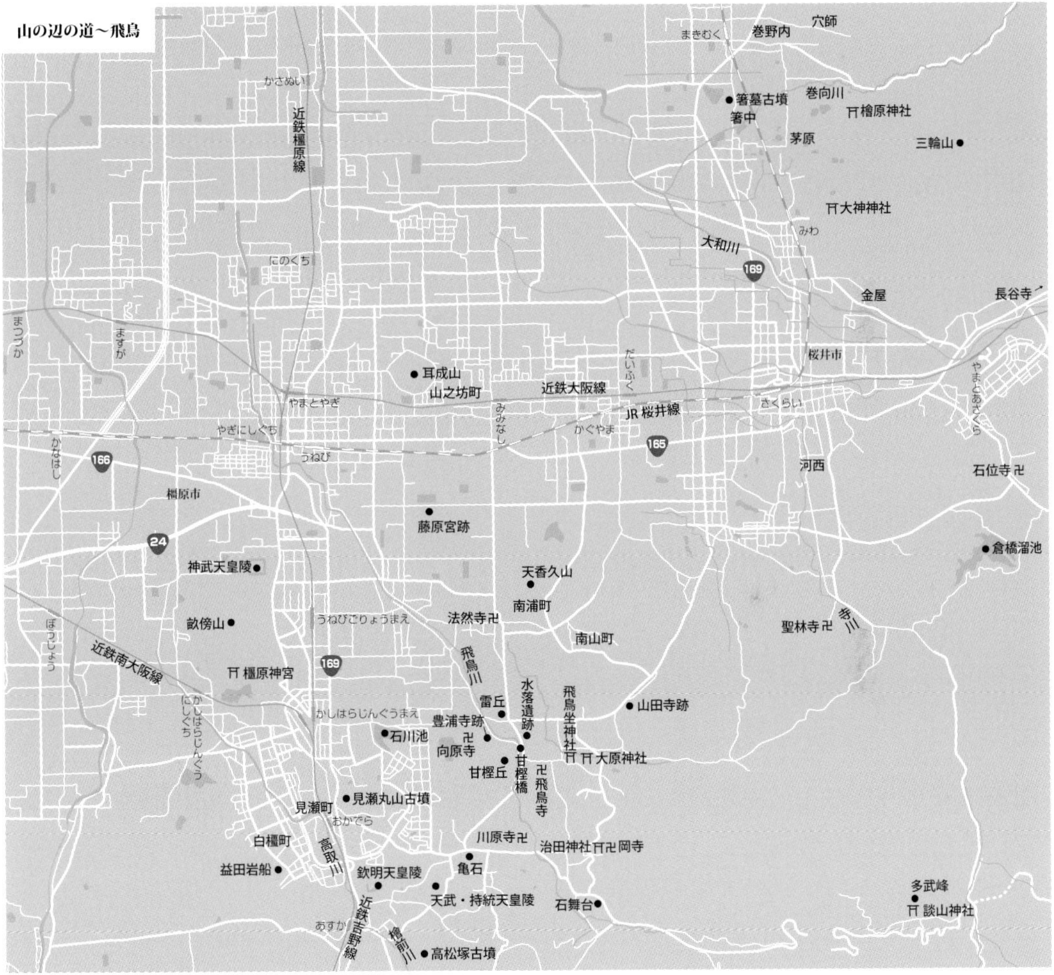

まきむく
巻野内
穴師
かさぬい
箸墓古墳
巻向川
檜原神社
箸中
近鉄橿原線
茅原
三輪山
大神神社
みわ
大和川
169
にのくち
金屋
長谷寺
まつづか
ますが
桜井市
耳成山
山之坊町
近鉄大阪線
だいふく
やまとやぎ
みみなし
JR 桜井線
さくらい
やまとあさくら
やぎにしぐち
かぐやま
165
かなはし
166
うねび
河西
石位寺
橿原市
藤原宮跡
24
倉橋溜池
神武天皇陵
天香久山
南浦町
畝傍山
うねびごりょうまえ
法然寺
聖林寺
寺川
ぼうじょう
南山町
近鉄南大阪線
飛鳥川
169
橿原神宮
水落遺跡
飛鳥坐神社
雷丘
山田寺跡
かしはらじんぐうまえ
かしはらじんぐうにしぐち
豊浦寺跡
石川池
向原寺
大原神社
甘樫丘
甘樫橋
飛鳥寺
見瀬丸山古墳
見瀬町
おかでら
川原寺
治田神社
岡寺
白橿町
高取川
益田岩船
欽明天皇陵
亀石
多武峰
天武・持統天皇陵
石舞台
談山神社
あすか
近鉄吉野線
檜前川
高松塚古墳

入江泰吉（いりえ たいきち）略年譜

明治38年(1905)　11月5日、奈良市片原町に生まれる（のち水門町に移住）。古美術の鑑定修理を営む父・芳治郎と母・サトの七男一女の六男。

大正10年(1921)16歳　奈良女子高等師範（現奈良女子大学）附属小学校高等科卒業。

大正11年(1922)17歳　画家への夢を断念。長兄から譲り受けたベスト・コダック・カメラで撮影に熱中。

大正14年(1925)20歳　写真家を志望し、大阪のカメラ卸商「上田写真機店」に就職。

昭和6年(1931)26歳　大阪の鰻谷中之町に写真店「光藝社」を開く。

昭和7年(1932)27歳　大阪営林局の依頼で記録映画『黒部渓谷を遡る』を撮影。

昭和8年(1933)28歳　大阪営林局の依頼で山火事防止のPR用劇映画『山の惨禍』を製作。次いで海軍省の後援で劇映画『洋上の爆撃隊』を製作。経費がかさみ経済的困窮に陥る。
11月14日、来山光枝と結婚。

昭和9年(1934)29歳　カッパを主人公としたアニメーション短編映画『突貫第一歩』を製作。採算が取れず、以後、映画製作を断念。

昭和11年(1936)31歳　写真研究会「光藝倶楽部」を主宰。

昭和14年(1939)34歳　文楽人形の撮影を依頼されたのをきっかけにその魅力にとりつかれ大阪四ッ橋の文楽座に5年にわたり通う。

昭和15年(1940)35歳　「春の文楽」が「新東亜紹介・世界移動写真展」（全日本写真連盟主催）で一等賞受賞。

昭和16年(1941)36歳　「文楽」が「日本写真美術展」（毎日新聞社主催）で文部大臣賞受賞。

昭和17年(1942)37歳　初の個展「文楽人形写真展」を大阪・高島屋で開催。

昭和20年(1945)40歳　3月13日夜の大阪大空襲で自宅が全焼。故郷の奈良へ戻る。
虚脱状態の中、亀井勝一郎の『大和古寺風物誌』を読み古寺遍歴を開始。
終戦後、仏像などの文化財がアメリカに接収されるとの噂を聞き、写真で記録することを決意。東大寺戒壇堂の四天王像より撮影開始。

昭和21年(1946)41歳　幼馴染の東大寺観音院住職・上司海雲と再会。その紹介で生涯の友となる画家・杉本健吉、須田剋太と知り合う。観音院で志賀直哉、會津八一、小林秀雄、亀井勝一郎らの知遇を得る。
6月30日、志賀直哉を囲む「天平の会」を発足。

昭和22年(1947)42歳　■『唐招提寺』（中村逸作著・富書店）
■写真集『文楽』（齋藤清二郎著・誠光社）

昭和23年(1948)43歳　杉本健吉の「油絵墨絵展」と共催で「仏像写真展」を初めて東京日本橋・三越で開催。

昭和24年(1949)44歳　少年時代を過ごした奈良市水門町に自宅を構える。
個展「大和古寺風物写真展」（大阪阿倍野・近鉄）

昭和26年(1951)46歳　個展「大和古寺風物写真展」（東京日本橋・三越）

昭和28年(1953)48歳　■『写真版大和古寺風物誌』（亀井勝一郎著・東京創元社）
■『民家の庭』（西村貞著・美術出版社）
■『万葉巡礼―大和―』（中村逸作著・福角学生堂書店）

昭和29年(1954)49歳　『民家の庭』で毎日出版文化賞受賞。
個展「薬師寺月光菩薩開眼記念展」「大和古寺風物写真展」（大阪・三越）
■『文楽』（茶谷半次郎著・東京創元社）
■『大和路・信濃路』（堀辰雄著・人文書院）

昭和33年(1958)53歳　■小林秀雄の勧めで、初の本格的な写真集『大和路』(東京創元社)刊行。

昭和34年(1959)54歳　奈良県文化賞、奈良市功労賞受賞。

昭和35年(1960)55歳　浪速短期大学デザイン美術科教授に就任。翌年、写真専攻主任教授(43年まで)。

■写真集『大和路 第二集』(東京創元社)

昭和37年(1962)57歳　■『写真 大和路』(社会思想研究会出版部)

昭和39年(1964)59歳　この頃よりカラー撮影が主となる。

■写真集『佛像の表情』(人物往来社)

昭和41年(1966)61歳　「奈良大和路(室生寺釈迦如来像)」が全国観光ポスター展で総理大臣賞受賞。

日本写真協会より功労賞受賞。

昭和43年(1968)63歳　■写真集『お水取り』(三彩社)

昭和45年(1970)65歳　奈良市有功者表彰を受ける。

個展「古色大和路写真展」(大阪阿倍野・近鉄、東京日本橋・丸善画廊)

■写真集『古色大和路』(保育社)

昭和46年(1971)66歳　上司海雲、杉本健吉、須田剋太らと「七人の会」結成。第1回余技展を開催(大阪梅田・阪急)。

昭和47年(1972)67歳　■写真集『東大寺』(毎日新聞社)

昭和48年(1973)68歳　■写真集『唐招提寺』(毎日新聞社)

昭和49年(1974)69歳　個展「萬葉大和路」(東京、大阪上六・近鉄)

■写真集『萬葉大和路』(保育社)

昭和50年(1975)70歳　『萬葉大和路』を世界書籍展(東ドイツ)に出品、金賞受賞。

全日本写真連盟関西支部より功労賞受賞。

昭和51年(1976)71歳　第24回菊池寛賞受賞。大阪写真材料商組合より功労賞受賞。

「奈良大和路観光ポスター」が国際ポスター展(イタリア・ミラノ)で銀賞受賞。

■写真集『花大和』(保育社)

昭和52年(1977)72歳　菊池寛賞受賞記念「入江泰吉—大和路」(東京新宿・小田急、大阪上六・近鉄他)。

■エッセイ集『大和路のこころ』(講談社)

■写真集『佛像大和路』(保育社)

昭和53年(1978)73歳　勲四等瑞宝章受賞。

■写真集『吉兆』(保育社)

■写真集『日本の美 現代日本写真全集』(全12巻、集英社)の第1回配本・入江泰吉『四季大和路』が写真集として画期的な売り上げを記録。

■写真集『大和路野の仏』(山と溪谷社)

■写真集『奈良の四季』(国際情報社)

昭和54年(1979)74歳　国際交流基金主催「大和路」巡回展(ケルンなど西ドイツとハンガリーの計8カ所で開催)。

個展「大和路春秋」(東京新宿・オリンパスギャラリー)、個展「大和路四季」(東京銀座・和光ホール)。

昭和55年(1980)75歳　この頃から万葉集の花を集中的に撮影する。

■写真集『日本の心 現代日本写真全集 第2巻　四季大和路(続)』(集英社)

■『大和路有情』(保育社)

昭和56年(1981)76歳　■写真集『入江泰吉写真全集』(全8巻、集英社)刊行、翌年完結。

■エッセイ集『大和路遍歴』(法藏館)

昭和58年(1983)78歳　■写真集『万葉の花を訪ねて』(求龍堂)

昭和59年(1984)79歳　■エッセイ集『大和しうるわし』(佼成出版社)

■写真集『昭和写真全仕事14・入江泰吉』(朝日新聞社)

昭和60年(1985)80歳　第19回仏教伝道協会文化賞受賞。

新作百選入江泰吉が撮る「万葉の花と大和路展」(大阪・梅田大丸ミュージアム)

■写真集『大和路巡礼』(全6巻・集英社)刊行、翌年完結。

昭和61年(1986)81歳　榊莫山と二人展「大和し美し」(大阪上六・近鉄)

昭和63年(1988)83歳　■写真集『新撰大和の仏像』(集英社)

平成元年(1989)84歳　■写真集『法隆寺』(小学館)

平成3年(1991)86歳　奈良市特別有功者表彰を受ける。

■『薬師寺』(町田甲一他著・里文出版社)

■写真集『卒寿 白吉兆』(湯木貞一著・主婦の友社)

■エッセイ集『大和路雪月花—入江泰吉写真人生を語る』(集英社)

平成4年(1992)　1月16日、逝去。享年86歳。

4月14日、全作品を寄贈した奈良市写真美術館が開館。

解説　―入江泰吉の記録写真―

入江泰吉の風景作品に共通して言える特徴は、叙情的で静謐な作風である。そして、どことなく“郷愁”といった懐かしい気持ちにさせてくれることではないだろうか。そうした作風は、今回収録した昭和20年代から30年代の写真群からもうかがえるのではないだろうか。街を行き交う人や農村で働く人、遊ぶ子どもたちの姿など、奈良大和路の飾らない風景が広がっている。鋭く迫った写真ではないが、かえって淡々としたさりげない風景が、乾いた土に水がしみこむように心の中へ浸透し、郷愁を誘ってくる。

収録された写真が撮られた頃の入江の心境と状況はどうだったのだろうか。入江が戦災で故郷である奈良へ戻ってきた当初は、将来への不安や焦燥にかられる毎日だったという。そんななか、入江の心の支えとなったのは一冊の本（亀井勝一郎著『大和古寺風物誌』）であり、故郷奈良の風物であった。その頃の印象を「一時は絶望的な谷底に陥ったことさえあった。けれども大和の風物は、その絶望から救ってくれた。」（『写真版大和路』社会思想研究会出版部昭和37年）と書き記している。

さらに当時の入江の心を支えたのは仲間の存在であろう。昭和21年、幼馴染みの東大寺観音院住職・上司海雲と再会し、志賀直哉、會津八一、小林秀雄らといった文人の知遇を得る。さらに終生の友となる画家の杉本健吉、須田剋太と知り合う。特に杉本とは、同じ奈良を題材に取り組むライバルとして切磋琢磨してきた。昭和23年には杉本の「油絵墨絵展」と併せて「仏像写真展」を東京三越で開催。さらに翌年、入江は大阪で写真展を開いている。「このふたつの個展を契機に、ようやく私は奈良に本気で腰を据え、大和の風景写真をライフワークに定め、風景作家としての道を歩もう、と確信をもつに至った」と語り、東大寺旧境内の水門町に居を構えた。心機一転して大和路の風物と正面から取り組もうとしたのである。

入江にとって苦い経験がある。昭和24年1月の法隆寺金堂壁画の焼損である。入江は前年の秋に斑鳩を訪れ、壁画の模写風景を撮影している。壁画そのものを撮影するつもりだったが、知人の画家と話し込んでしまい、そのまま帰ってしまった。後日、金堂壁画の焼損の報せを聞いた時は、まさに青天の霹靂で、撮影できる時に勝負をかけて撮っておかないと取り返しがつかないことになることを痛感した。そして撮影時における「一期一会」を肝に銘じた。

そうした出来事も加わり、連綿と受け継がれてきた昔ながらの大和路の佇まいを写真に残そうとしたと思われる。戦後の混沌とした時代、入江自身も生活が苦しく写真の機材やフィルムの入手が困難な状況のなかで、最後の1カットも無駄にすることなく、活気あふれる町の様子や社寺をとりまく民家、子どもたちの表情など、入江自身が愛おしく感じる瞬間を選び出し撮影してきたのである。当時は社会派と呼ばれる写真や土門拳が提唱する「リアリズム写真」がもてはやされていた時代だったが、入江独自の視点で“大和路らしい”さりげない日常の風景を切り取っている。

昭和30年代にはいって「もはや戦後ではない」と経済白書で宣言され、日本は世界でも類をみない経済成長を遂げた。利便性を追いかけて、衣・食・住にわたり昔ながらの生活スタイルは一変し、風景も変貌した。大和路に至っても同様で、入江は「いわゆる大和路の名の、なつかしいひびきを伝える古寺や、遺跡の周辺の、ひなびた情趣が、徐々に失われつつある」と嘆きつつ、「大和路のよさは亡びて、古社寺はさながら街の美術館的存在とならないともかぎらない」(『大和路第二集』東京創元社 昭和35年)と語るなど、昔ながらの風景が失われてゆく危機感を抱き、“大和路らしい”風景や人の営みを撮影していたように思われる。昭和30年代後半以降、町の様子や人の営みが変わってしまった風景はほとんど撮らなくなった。

ところで“懐かしい”という言葉の意味は、昔を懐かしむということだが、そこには“残したい”という意味も含まれていると思う。入江の風景作品の奥深くに流れる“郷愁”や“懐かしい”という印象は、入江自身が残したいと願った思いだったのではないだろうか。

今回収録した写真は、生前は発表されることなく収納箱に眠っていたものである。しかし、入江の心の原風景としてだけでなく、記録として後世へ伝えていくべき役割を担う貴重な作品であることは間違いない。これらの写真を通して何かを感じていただければ幸いである。

(入江泰吉記念奈良市写真美術館学芸員　説田晃大)

奈良年表（昭和20〜40年）　―奈良の主な出来事を中心に―

昭和20年	8月15日	終戦の詔書が発せられた。
	10月14日	天皇陛下、終戦奉告のため畝傍山陵に参拝。
		この頃、高畑界隈は多くの文士が集い、「高畑サロン」と呼ばれた。
昭和21年	2月11日	戦後初の若草山焼き。
	4月10日	第22回衆議院議員選挙。初めて婦人投票が行われた。
	4月17日	改正憲法草案が発表された。
	5月1日	戦後初のメーデー。
	5月2日	吉田内閣が誕生し、司法大臣に五條町（現五條市）出身の木村篤太郎（検事総長）が任命された。これは大和が生んだ初めての大臣。
	8月20日	海外引揚者の援護相談所開設。
	9月26日	戦争中、中止していた奈良競馬が再開された。
	10月21日	奈良帝室博物館で第1回正倉院御物展が開かれた。
	11月3日	日本国憲法公布。
	12月21日	南海地震。
昭和22年	2月11日	竜田町、法隆寺村、富郷村が合併し、斑鳩町誕生。
	3月9日	皇太子殿下が来県。
	3月24日	奈良市下三条町の友楽座で第1回ミス奈良選定会が行われた。
	4月1日	学制改革6・3制度により国民学校が廃止され、小学校が設置された。
	4月20日	第1回参議院議員選挙。
	5月3日	日本国憲法施行。

		奈良地方検察庁発足。
	8月18日	奈良公園の鹿が天然記念物に仮指定された。
昭和23年	1月1日	大和高田市誕生。
	7月31日	奈良地方競馬を県営に移した。
	10月22日	奈良市制50周年記念式典。
	11月1日	奈良市役所庁舎全焼。
昭和24年	1月26日	法隆寺金堂が焼損。
	5月31日	奈良女子高等師範学校を女子大学に、同師範学校を学芸大学に昇格。
昭和25年	1月7日	聖徳太子を図案化した千円札発行。
	5月19日	第1回県競輪が開催された。
	6月25日	朝鮮戦争起こる。
	7月2日	京都の金閣寺全焼。
	8月10日	警察予備隊令公布。
	9月3日	ジェーン台風襲来。県北部に相当な被害。
	9月30日	東京行き国鉄直通列車“やまと号”運転。
	11月3日	昭和23年11月に火事で焼けた奈良市庁舎完工。
昭和26年	6月4日	新国宝の第1回指定が行われた(県関係は43件)。
	11月19日	天皇陛下来県。知事公舎で講和、安保の両条約批准書認証が行われた。
昭和27年	3月14日	薪能が古儀により復活。
	3月29日	平城宮跡が特別史跡に指定。

	5月18日	法隆寺五重塔再建工事が完成。
	6月4日	天皇陛下、平和条約の発効を畝傍山陵に奉告。
	10月12日	東大寺大仏開眼1200年祭法要。
昭和28年	11月24日	奈良市一条通の道路拡幅工事中、掘立式の住居跡が発見された。
昭和29年	1月1日	大和郡山市誕生。
	4月1日	丹波市町、二階堂村、朝和村、福住村、櫟本町、柳本町が合併し、天理市誕生。
	7月1日	新体制の奈良県警察本部が発足。
	10月1日	船倉村、越智岡村が高取町に合併し、高取町に。
	11月3日	法隆寺金堂落慶法要。
	11月5日	長谷寺五重塔落慶法要。
	11月29日	春日山原始林が天然記念物に指定。
昭和30年	1月1日	都介野村、針ヶ別所村が合併し、都祁村誕生。
	2月11日	三本松村、東里村、室生村が合併し、室生村に。
	4月15日	馬見町、瀬南村、百済村が合併し、広陵町誕生。
	6月11日	奈良市を戦禍から守ったラングドン・ウォーナー博士死去。奈良市では初の名誉市民称号を贈った。
	7月10日	三輪町、織田村、纒向村が合併し、大三輪町誕生。
	11月5日	春日大社第56次式年造替が完了。遷座祭と記念式を挙行。
昭和31年	2月11日	耳成村、畝傍町、鴨公村、八木町、今井町、真菅村が合併し、橿原市誕生。
	4月1日	五位堂村、下田村、二上村、志都美村が合併し、香芝町誕生。

	5月3日	上市町、吉野町、中荘村、国樔村、中龍門村、龍門村が合併し、吉野町に。
	7月3日	阪合村、高市村、飛鳥村が合併し、明日香村誕生。
	8月1日	宇太町、宇賀志村が合併し、菟田野町誕生。
	9月1日	桜井町、大福村、香久山村が合併し、桜井市誕生。
	9月30日	東山村、波多野村、豊原村が合併し、山添村誕生。 多村、川東村、平野村、都村、田原本町が合併し、田原本町に。
	10月22日	県下初の信号機が国鉄奈良駅前についた。
	12月21日	近鉄の奈良—大阪間に特急運転開始。
昭和32年	1月10日	地獄谷国有林が県立奈良公園に編入された。
	3月1日	奈良—大阪間電話が自動即時通話になった。
		天理—奈良間新設道路完成。
	3月11日	吉野川分水大和平野導水路分岐2期トンネル貫通。
	4月1日	売春防止法施行。
	5月25日	桜井市の倉橋ため池完工。
	9月18日	「奈良のシカ」が天然記念物に指定された。
	10月10日	インドのネール首相来県。
	10月15日	五條町、野原町、牧野村、宇智村、北宇智村、大阿太村、南阿太村、阪合部村が合併し、五條市誕生。
	10月16日	米軍キャンプ奈良が、黒髪山地区を除いて全面接収解除になった。
	10月25日	東大寺大鐘のヒビ割れ発見。観光客の鐘つき禁止。

昭和33年	2月20日	米軍キャンプ奈良ABC地区が全面解除された。
	3月1日	小川村、四郷村、高見村が合併し、東吉野村誕生。
	3月15日	300年の伝統を持つ奈良木辻花街など県下3特飲街が売春防止法の発効で解散。
	3月31日	御所町、葛村、葛上村、大正村が合併し、御所市誕生。
	11月27日	皇太子殿下と正田美智子さんが婚約発表。
	12月1日	1万円札発行。
昭和34年	1月1日	南宇智村が五條市に編入、宇智郡がなくなった。
	2月23日	初瀬町が桜井市に編入。
	4月1日	白銀村、賀名生村、宗檜村が合併し、西吉野村誕生。
	4月18日	皇太子ご夫妻が婚約報告のため来県、畝傍山陵に参拝(奈良ホテル前でのちょうちん行列で大混乱、重傷者18人を出した)。
	6月9日	阪奈道路開通式(昭和33年12月25日に開通)。
	7月20日	平城宮跡国営発掘調査鍬入れ式。
	9月26日	伊勢湾台風(台風15号)で、川上村高原で60人生き埋め。県下でも被害は全域におよび死者88人、行方不明25人に上った。
昭和35年	3月10日	奈良遷都1250年祭開く。
	8月15日	奈良市高円山で「慰霊大文字送り火」が盛大に行われた。
昭和36年	3月21日	国鉄関西線奈良―法隆寺間の複線化工事完成。
	3月23日	奈良学芸大学跡に県庁舎改築が決まった。
	6月24日	信貴生駒電鉄と大和鉄道が合併。

	6月25日	奈良市内の電話に局番がついた。
	7月1日	奈良ドリームランド開業。
	9月16日	第二室戸台風(台風18号)で最大瞬間風速42.4メートルに達し、県下では死者6人、負傷者142人、家屋全半壊1350棟を出した。
	10月12日	皇太子ご夫妻来県(13日、正倉院を見学)。
昭和37年	2月12日	東大寺の国宝金銅八角灯籠の火袋1面が盗難に遭う。
	3月31日	日赤奈良病院廃止決定。
昭和38年	4月1日	大三輪町、桜井市に編入。
	10月16日	近鉄奈良線の新生駒トンネル貫通。
昭和39年	4月28日	信貴生駒スカイライン開通。
	5月10日	名阪国道着工(山添村)。
	6月22日	県議会は近鉄奈良線の奈良地下乗り入れの全地下案を可決。
	7月23日	近鉄奈良線の新生駒トンネルが完成し、同トンネルによる営業運転を開始した。
	9月27日	東京オリンピック聖火が大和路を走る。
	10月10日	東京オリンピック開幕。県から出た7人も堂々入場。
昭和40年	3月1日	国鉄関西線にディーゼル特急“あすか号”登場。
	3月18日	新県庁舎落成(24日から仕事始め)。
	9月1日	国鉄・近鉄の総合駅「天理駅」発足。
		奈良地裁・家裁・簡裁の合同庁舎完成。
	12月16日	名阪国道(天理—亀山間73.64キロ)開通。

編集後記

残されたフィルムを整理しながら、いつも考えてしまいます。入江泰吉は、なぜカメラを構え、シャッターを切ったのか、そのねらいは何だったのか。いつも自問自答しています。今回の入江の作品についても同様です。

その手がかりを探るため、入江が撮影した場所を求めて心の動きを探りました。撮影地では、当時を知っている方を探し出して聞き取りをするわけですが、皆“懐かしい”と言って色々と話してくれます。各市町村史にも掲載していない当時の出来事や生活までも語ってくれる場合がありました。

このことから、入江の写真は当時を知る歴史的資料として役立てることができるのではないかと思い、タイトルだけでなくなるべく説明文を付けるよう努めました。不十分な点はあるかと思いますが、読者自身の想いの中で書き足していただければ幸いです。

できることなら、この写真集を持って入江の撮影地を訪ねていただければと思います。高度成長の時代を経て、なにもかも大きく変わりました。入江の心の原風景を知り、風景の変遷を自分の眼で見て、感じ取っていただければと願っています。

大和路の風光、歴史と美を愛した入江泰吉が亡くなってから、平成24年1月16日でちょうど20年になります。これにあわせるように、入江の原風景とも言える昭和20年から30年代にかけての奈良大和路の暮らしや街角、田園の風景をとらえた写真集が出版されることは大変意義深いことと思います。

今回、こころよく掲載のご許可をいただきました各社寺や関係機関をはじめ、このような機会を与えていただいた光村推古書院の上田啓一郎、大西律子両氏、関係者の皆様に深く感謝申し上げます。

入江泰吉記念奈良市写真美術館

約半世紀にわたり奈良・大和路の風物を撮り続けた奈良市出身の写真家・入江泰吉が、自身の作品と著作権を奈良市に寄贈したのを機に、市民や奈良を訪れる方々に、入江作品をはじめ多様な写真作品を鑑賞していただこうと、奈良市が平成4（1992）年4月に開設（黒川紀章設計）しました。入江作品をはじめ、古美術写真の先駆けである工藤利三郎（平成20年、工藤のガラス原板1025点が国登録有形文化財に登録）や津田洋甫の「四季百樹の詩」シリーズの作品を所蔵し、写真文化・芸術の発信拠点として、歴史や自然、奈良にかかわり深いシルクロードや仏教美術に関する作品、奈良の写真史関連作品などを幅広く紹介しています。また、写真のとりかたのワンポイントアドバイスやフラワーアーティストによる花の展示、ミュージアムコンサートなど、様々なイベントも行っています。

開館時間：9:30〜17:00（入館は16:30まで）
休 館 日：月曜日（休日の場合は最も近い平日）、休日の翌日（その日が平日の場合）、展示替え期間
観 覧 料：一般500円、高校・大学生200円、小・中学生100円、団体20人以上2割引。
障がい者手帳、療育手帳、精神障がい者保健福祉手帳をお持ちの方無料
毎週土曜日は小・中・高校生無料、夏休み期間中は小・中学生無料
駐 車 場：美術館から南へ約50m（普通車39台まで駐車可）。
1時間まで無料。以降、1時間を超えるごとに300円加算（最大900円）
交通のご案内：JR・近鉄奈良駅から市内循環バス「破石（わりいし）町」下車、徒歩東へ10分、新薬師寺西側。
所 在 地：〒630-8301奈良市高畑町600-1　TEL 0742-22-9811／FAX 0742-22-9722　http://www1.kcn.ne.jp/~naracmp/

入江泰吉の原風景
昭和の奈良大和路
昭和20〜30年代

平成23年8月10日初版一刷発行
令和6年3月25日初版六刷発行

写　真　入江泰吉
編　　　入江泰吉記念奈良市写真美術館
発行人　山下和樹
発　行　カルチュア・コンビニエンス・クラブ株式会社
　　　　光村推古書院書籍編集部
発　売　光村推古書院株式会社
　　　　〒604-8006
　　　　京都市中京区河原町通三条上ル
　　　　下丸屋町407-2 ルート河原町ビル5F
　　　　TEL 075-251-2888
　　　　FAX 075-251-2881
　　　　https://www.mitsumura-suiko.co.jp
印　刷　ニューカラー写真印刷株式会社

ISBN978-4-8381-0451-2

■ 主な参考文献

『近畿日本鉄道100年のあゆみ』（近畿日本鉄道株式会社　平成22年）
『大学的奈良ガイド―こだわりの歩き方』（昭和堂　平成21年）
『奈良市今昔写真集』（樹林舎　平成20年）
『奈良阪町史』（著村田昌三　平成8年）
『奈良市史　通史四』（奈良市　平成7年）
『入江泰吉作品と今 うつろいの大和』（朝日新聞社奈良支局　平成6年）
『目で見る奈良市の100年』（郷土出版社　平成5年）
『角川日本地名大辞典29　奈良県』（角川書店　平成2年）
『私の法隆寺案内』（日本放送出版協会　平成2年）
『目に見る大和路』（サンケイ新聞社奈良支局　昭和62年）
『奈良の近代史年表』（編中本宏明　昭和56年）
『日本歴史地名大系第30巻　奈良県の地名』（平凡社　昭和56年）
『ふるさとの想い出写真集48　明治大正昭和 奈良』（国書刊行会　昭和54年）
『ふるさとの想い出写真集64　明治大正昭和 桜井』（国書刊行会　昭和54年）
『ふるさとの想い出写真集65　明治大正昭和 橿原』（国書刊行会　昭和54年）
『ふるさとの想い出写真集66　明治大正昭和 天理』（国書刊行会　昭和54年）
『ふるさとの想い出写真集67　明治大正昭和 大和郡山』（国書刊行会　昭和54年）
『奈良町風土記』（豊住書店　昭和51年）

撮影地での聞き取りをはじめ、当時を知る方々に貴重なお話を伺いました。
この場をかりて深く感謝申し上げます。

文・構成・編集
　説田晃大
　（入江泰吉記念奈良市写真美術館主任学芸員）

スタッフ
　協　　力　奈良市
　デザイン　角田美佐子
　印刷設計　畑田康信
　進　　行　山本哲弘
　編　　集　上田啓一郎
　　　　　　大西律子